PROTESTATION

ET DERNIERE

RESOLVTION

DV ROY D'ANGLETERRE,

Protecteur & deffenseur des Eglises Reformees.

M. DC. XXII.

PROTESTATION ET RESOLVTION DV ROY d'Angleterre, protecteur & deffenseur des Eglises Reformees.

POur donner contentement à ceux qui entrent en soupçon & deffiance du suiect de la leuee de nos forces, & qui desirent estre esclaircis de nostre intention. Veu le commun bruit qui s'espend par tout, que c'est pour donner secours aux sujets rebelles (ainsi qu'ils les appellent) du Roy de France. Ie m'estonne de ce qu'on trouue estrange que pendant vne esmotion generalle qui est presque entre tous les peuples de la Chrestienté, & sur tout en l'Estat de l'Empire, nous nous soyons munis de forces suffisantes pour faire teste à quiconque auroit l'asseurance de nous venir affronter. Mesmes voyant l'ennemy dans nos entrailles qui enuahit & destruit le pays de nos amis & alliez. Aussi ne puis-ie croire pouuoir encourir blasme. (I'entends de ceux qui sont doüez de raison & sens commun,) si estans griefuement esmeus tant d'amitié que de compassion, digne à la verité d'vn Prince Chrestien & humain, & qui nous est commune auec tous les Princes de la Confession d'Ausbourg, des horribles afflictions qu'endurent & souffrent tous ceux qui vrayement font profession de la Religion Chrestienne reformee, comme membres de Iesus Christ qui sont au Royaume de France : Nous ne les pouuons mettre en oubly : Ains auons estimé estre obligez de leur promettre sous certaines conditions iustes & necessaires pour le salut de la France & conseruation de l'autorité du Roy tres Chrestien de les ayder & secourir en ceste extremité derniere de tous nos moyens & nos forces. Car nous sommes bien asseurez qu'ils ne sont en aucune chose qui concerne la puissance & autorité royalle desobeissans à sa dignité, & qu'ils n'ont iamais entrepris, moins encores le veulent ils faire contre la personne du Roy, son autorité, ou son Estat

comme ils en sont accusez sans raison,
sans argument & sans apparence. Ains
au contraire qu'ils sont & seront tousiours prests d'employer leurs biens &
leurs vies pour son seruice, & de luy ren-
dre à iamais és choses politiques & temporelles toute l'obeyssance qu'ils doiuent par le commandement de Dieu,
moyennant qu'on les laisse en liberté
de conscience iouyr de l'exercice de
leur Religion suiuant ses ordonnances
& Edicts violez & enfreints par la force,
violence & coniuration publique de
quelques vns ennemis du repos dudit
Royaume: desquels mesmes les entre-
prises trop cogneuës par tout se sont
desbordees iusques là, sans auoir esgard
à la foy violee (qui est deuant tous hommes vne rebellion insigne contre le
Roy mesme, & vn scandale horrible par
toute la terre contre le bon renom de la
nation Françoise.) Que de se vouloir
s'ayder des principaux chefs de ladite
Religion, pour leur faire perdre apres
honteusement la vie. Et afin que le Roy
cognoisse auec qu'elle fidelité & asseurance tous ses subiects de la Religion

marchent deuant Dieu & les hommes,
qui veulent sans trouble d'esprit descen-
dre au iugement de la iustice, de leur
cause, & qu'il n'y a subiets au monde
plus esloignez de rebellion & sedition
dont ils sont contre toute raison & equité diffamez & noircis par l'imposture
de leurs ennemis. Ils ont protesté que
si durant ceste presente guerre nous co-
gnoissions qu'ils cerchent autre chose
par la deffence de leurs armes que d'e-
stre entretenus soubs la dignité de la
Couronne & autorité du Roy, de ses
loix & de ses Magistrats, au plein & entier exercice de leur Religion sans aucune distinction de lieux ou de personnes
de quelque qualité ou dignité qu'elles
soient, auec les seuretez requises en tel
cas pour tout l'aduenir autres que celles
qu'on leur a baillees cy deuant puis que
par tant de fois on les à massacrez, pillez,
& ruinez de fonds en comble contre la
foy publique & les loix de la paix, &
conseruez en leurs biens, honneurs,
Estats, Offices & dignitez, & qu'ils vou-
lussent sous pretexte de Religion se retirer & separer en aucune chose ciuile &

temporelle de l'obeyſſance qu'ils doiuent à ſa Majeſté ou bien attenter quelque choſe contre elle & ſon Eſtat. Tant s'en faut qu'ils deſirent & entendent que nous les ſecourions en vn ſi malheureux deſſein, qu'ils nous prient tres inſtamment non ſeulement de les abandonner & nous retirer d'eux. Mais qui plus eſt de nous ioindre à ſadite Maieſté pour les deffaire & opprimer ſans pardon & miſericorde, comme les plus meſchans, des-obeiſſans & rebelles qui furent onques.

Outre ceſte leur proteſtation, c'eſt argument eſt trop certain pour confirmer qu'ils ne ſont pourſuiuis & affligez que pour la conſcience & la Religion, & qu'ils ne ſe tiennent ſur la defenſiue que pour ce ſuiet. Qu'ils expoſent leurs corps, leurs vies, enfans, eſtats, biens & honneurs pour ceſte cauſe, autrement s'ils eſtoient excitez de quelque ambition, ou bruſlez du deſir des biens & honneurs de ce monde, ils eſliroient pluſtoſt comme aucuns ſortis d'entr'eux & qui n'eſtoient des leurs de viure en paix en leur patrie & leurs maiſons, auec

leurs femmes, enfans, parens & amis, que
d'estre trauaillez, bannis, meurtris, pillez
& persecutez comme ils sont, mais comme vrais & fideles Chrestiens, cerchant
premierement le Royaume des Cieux,
ils ont deuant les yeux ces sentences de
Iesus-Christ. *Quiconque ayme sa vie, pere,*
mere, femmes ou enfans plus que moy n'est pas
digne de moy, & qui me confessera deuant
les hommes ie l'auoüeray & cognoistray de-
uant mon pere, mais ie ne recognoistray point
au ciel celuy qui aura honte de me confesser en
la terre.

Auec tous leurs deportemens qui ne
sont en rien esloignez de l'office de bons
& fidelles subiets, & les iustes offres &
submissions qu'ils font. Cecy encore
descouure ouuertemēt la verité de leurs
complaintes. Que pour empescher le
secours qu'ils pouuoient attendre ils ont
esté chargez & diffamez par les Ambas-
sadeurs, despechez de leurs ennemis vers
les Princes estrangers sous le nom & autorité du Roy des crimes cy dessus
mentionnez: mesmes depuis peu deuant
nous, les Estats des Prouinces vnies &
plusieurs

pluſieurs Princes de l'Empire auſquels ils ont fait la meſme proteſtation qu'à nous: ce qui n'eſt incogneu à ſadite Maïeſté. Et tant s'en faut qu'ils ſoient trouuez coulpables des crimes de rebellion qui leur ſont impoſez, qu'il ne ſe pourra iuſtifier qu'ils ayent commis choſe aucune en leur deffence pour la conſeruation de leur Religion & vie, qui n'aye eſté cy deuant approuuee par les Roys predeceſſeurs de ſadite Maïeſté en faict ſemblable en ceux qui les ont precedez, quand eſtans iniuſtement pourſuiuis pour meſme cauſe, & qu'ils ſe ſont mis ſur la defenſiue, ils ont eſté aduoüez par les Edicts de paix pour fidelles & obeïſſans ſuiets & ſeruiteurs de ſadite Maïeſté. Les articles deſdits Edicts confirmans tout ce qu'ils auoient fait: comme faict à bonne intention & pour leur ſeruir, tous leſquels Edicts toutesfois au grand meſpris & deshonneur de la France, & de leurs Maïeſtez, n'ont eſté executez par les pratiques & coniurations publiques de leurs ennemys.

Eſtant donc leur miſere extreme & la iuſtice de leur cauſe telle, il n'y a rien

plus conuenable au deuoir d'vn Prince
Chreſtien ny plus vtile & neceſſaire
pour le bien de la Couronne & Eſtat
François que d'en auoir pitié: car on ne
peut nier qu'il ne ſoit icy queſtion de la
defenſe & conſeruation des plus ancien-
nes familles de toute la Nobleſſe, des
premiers & principaux membres de
tout l'Eſtat, des plus notables & remar-
quables perſonnes en vertu, prudence,
experience, dignité, autorité & reputa-
tion, qui iuſtement & franchement re-
cognoiſſent ſa Maieſté tres-Chreſtienne
pour leur Roy ſouuerain, ſeigneur &
Prince naturel, ſacré & eſtably de Dieu
pour leur commander en toutes choſes
politiques, ciuiles & temporelles. Luy
rendans en cela ſans aucune difficulté
tout le deuoir & obeyſſance qu'ils luy
doiuent. Or il eſt certain que la ruine de
telles perſonnes membres de l'Eſtat ne
peut eſtre eſloignee de la ruyne ineuita-
ble du Royaume. Ce que l'on peut aiſé-
ment iuger. Car auſſi peu ſe pourroit
ſouſtenir ceſte couronne & ſe deffendre
en la neceſſité ſans ceux deſquels il eſt
maintenant queſtion (veu qu'il y va de

la ruyne des Princes & de la Noblesse
qui a esté tousiours la seule force de la
France) qu'vn corps sans nerfs sans iam-
bes & sans bras.

Et combien que leurs aduersaires ne
cognoissent que trop que la longue suit-
te des troubles apportera sans aucune
doute la ruyne de l'Estat cómme il n'y a
homme doüé de raison & sens commun
(s'il n'est de nature & de profession ennemy dudit Royaume) qui ne cognoisse & ne deplore ce malheur. Et qu'ils
deussent à bó esciēt les premiers mettre
la main pour les esteindre & appaiser,
Si est-ce que d'vne audace incroyable,
ils abusent du nom & authorité de sadite Maiesté, mesprisent ses Edicts, les cas-
sent & violent sans respect & sans crain-
te, l'enflamment de plus en plus, pour
courir sus à ses bons subiets ; leuent de
toutes parts des Estrangers sous son
nom pour les piller & massacrer, & pour
les empescher de iouyr de la Paix, tant
de fois faite & confirmee, sous couleur
de laquelle lesdits bons & fidelles subiets
ont tousiours esté pillez, meurtris &
bannis, leurs femmes & filles publique-

ment rauies & violees, les enfans tuez entre les bras de leurs nourrices, voire que sans distinction de sexe, sans auoir esgard aux femmes grosses, aux ieunes & aux vieux, aux nobles & aux roturiers, pauures ou riches, petits ou grands, on a durant la Paix fait par toute la France, vne sanglante boucherie desdits pauures subiets, qui font profession de la Religion.

Par leurs requestes mesmes & remonstrances faites en plein Conseil à sadite Maiesté, pour luy declarer leur misere, auoir quelque iustice & estre aucunement releuez des oppressions desquelles ils sont accablez, on voit des meurtres si cruels commis contre la foy publique, sur eux, leurs femmes & enfans, que les Scithes les plus barbares : Voire les Lyons & les Ours en auroient horreur. Car encores que de tout temps la terre ayt supporté des Tygres deguisez sous forme humaine, bruslans de desir d'aualer à longs traits le sang humain, si est-ce qu'il n'y a histoire ny sainte ny prophane, qui face mention de chose aucune qui en approche.

Et encores que toutes choses soient
en telle fureur extremement à deplorer,
si est-ce qui s'enfuit l'est plus que tout le
reste, que tous ces sanglans meurtres
soient faits sous le nom & authorité de
sadite Màiesté, & qui plus est par ceux
qui ont ses forces en la main, qui se cou-
urent de ce pretexte, que ceux là sont rebelles desquels ils espandent le sang,
combien que la pluspart de ceux qui iusques icy, ont esté cruellement meurtris,
fuessent ou vieillards, ou femmes & enfans, qui tous ensemble pour leur crain-
te & infirmité, ne sont propres pour
porter les armes, & aucuns d'eux pour
leur aage & simplicité ne peuuent pas
sçauoir que c'est que rebellion.

Et pour monstrer encore mieux que
ceste accusation de lez e Maiesté, sedition & rebellion, n'est aucunement
vray semblable, il ne se peut verifier
qu'aucun de ceux qui font profession de
la Religion Reformee ait iamais violé
les loix du Royaume, en ce qui concerne sa paix & son repos.

Que si on allegue qu'ils ont commis
choses qui ont offensé sa Maiesté, il est

de sa iustice de separer la faute & iniure priuee de la iustice & equité d'vne cause commune & de conseruer l'innocence sans l'opprimer sous le fardeau de la faute d'autruy.

Or combien que leurs ennemis d'eussent estre contents d'auoir tant espandu de sang contre les Edicts & Ordonnances. Si est ce que marchant tousiours d'vne cruauté, iniustice & impieté en vne autre, ils veulent persuader à sa Majesté de les bannir de son Royaume, de n'y permettre ou receuoir autre Religion que la Papale, & d'obliger absolument tous ses subiets à l'obseruation entiere du Concile de Trente. Ce qui ne peut trainer auec soy qu'vne effusion miserable du sang des Innocens & vn dernier malheur audit Royaume.

Sa Majesté pressee de ce Conseil doit meurement penser qu'elle charge de conscience elle attire dessus soy par vne telle oppression de tant de gens de bien. Peché certes inexcusable au dernier iour deuant le Seigneur, qui en sa fureur requerra le sang iniustement & cruellement espandu sous son sceptre & son autorité.

Les sainctes Escritures nous fournissent assez de resmoignages pour nous asseurer combien la mort des saincts est precieuse deuant Dieu, & son fils Iesus Christ nostre Seigneur nous enseigne que qui les persecute le persecute & celuy qui l'a enuoyé.

Outre le pesant fardeau que sadite Maiesté charge sur sa conscience, elle peut aysément iuger qu'elle ruyne apporteront en France tant d'estrangers qu'on met de toutes parts dedans, & si elle veut prendre la peine de se faire lire les histoires de ses Majeurs, elle recognoistra qu'ils se sont sagement retenus de faire le semblable ou de donner occasion à d'autres de le faire.

Que si outre les contempteurs de Dieu ou qui de certaine science ou malice desesperee s'opposent à son regne, il y en a aucuns qui pensent s'excuser de tant de cruautez qu'ils font sur vn zele indiscret esloigné de toute prudence. Ils s'abusent du tout : Car on ne peut contenter Dieu ou l'appaiser d'vn zele sans science qui luy desplaist, & qu'il punit ordinairement. L'exemple de Saül est manifeste qui persecutant les Chrestiens pour satisfaire au zele qu'il auoit à la loy, oüyt auec estonnement & reprehension tres-iustes ces paroles du ciel, *Pourquoy me persecutes tu?*

Et d'autant que tout le different de ceste affaire ne touche en rien les choses temporelles dudit Royaume. Mais seulement la conscience des subiets que Dieu tres-bon & tres puissant s'est reseruée sans la vouloir assuiettir à la puissance & iurisdiction des hômes pour luy prescrire loy en ce qui concerne son seruice, il seroit tres-vtile que sadite Maiesté se proposast deuant les yeux le conseil de Gamaliel, Que si ces affaires ne sont point de Dieu elles s'esuanoüiront d'elles mesmes. Au contraire si Dieu les fauorise toute la puissance des hommes ne les peut empescher, ce qui se confirme par tous les autheurs qui ont escrit de l'Estat de l'Eglise.

Ce chemin seroit donc tres-seur pour asseurer la paix dans ledit Royaume, si on ne presse point en ce qui concerne la foy enuers Dieu, & le deuoir à son seruice, la conscience de tous ceux qui ne

veulent

veulent s'affuiettir à la Religion Romaine ; Qui toutesfois en ce qui est de la police & de l'obeyssance qu'ils doiuent à sadite Maiesté selon la parole de Dieu, recognoissent ses loix comme tres-humbles & tres-fidelles subiets qui offrent leurs corps & leurs biens pour son seruice, & si sans nulle exception de lieux ou de personnes on leur permet de se renger en toute liberté à l'exercice de leur Religion, ainsi quelle est comprise en leur confession de Foy, par eux cy deuant presentee, sans estre pour cela ou empeschez ou recerchez à l'aduenir ny molestez en leurs vies, biens, estats, offices, honneurs & dignitez, & en les traittant en toutes choses comme les autres qui font profession de la Religion Romaine, d'autant que l'inegalité a esté de tout temps la mere des seditions & des troubles d'Estat. Par ce moyen, sa Maiesté pourra empescher & retrancher à l'aduenir le cours de tant de maux qui menacent ledit Royaume, & s'il veut ensuiure comme vn exemple remarquable, la loy establie en l'Empire pour la defese & côseruation de la tran-

quilité publique, touchant les differens
qui sôt au fait de la Religiõ, il pourra ay-
sement restablir & garder la paix & vniõ
commune entre ses subiets. Car ce qui se
pratique entre tât de differés Princes de
Religion & d'Estat dedans vn Empire,
se peut sans doute pratiquer entre les
suiets d'vn Royaume & auec bien plus
de raison, si sans aucune conniuence on
faict egallement punir tous les perturba-
teurs & infracteurs de la paix & du repos public, sans exception de personnes
ou de Religion.

Pour ces raisons, nous prions de toute
nostre affection sadire Maiesté de prendre en bonne part, si en Prince Chrestien & pour iustes & grandes causes necessaires pour la manutention de son
estat. Nous auons promis de donner de
toutes nos forces & moyens iusques à la
fin de la guerre, secours à tous ceux qui
de mesme Religion & profession que
nous, sont pour icelle persecutez en son
Royaume, ainsi qu'ils en sont dignes
côme vn chacun le peut iuger: car encores qu'ils soient contraints par necessi-
tez extremes & infinies iniures, de re-

courir aux armes iustement permises de
Dieu pour la defense des loix, de leurs
vies, de leurs femmes, enfans & biens,
contre la rage & fureur enuemimee de
leurs aduersaires. Si est-ce neantmoins
qu'ils sont & seront tousiours prests
quelque force qui les assiste de luy obeyr
ainsi qu'ils doiuent, & pouuons à la verité & deuant Dieu asseurer sadite Maiesté, que nous auons cogneu en eux vn
dueil & regret extreme d'estre forcez
pour la defense de leurs vies sous son
obeyssance, & la iustice de ses loix de
recourir aux armes, qu'ils desirent plus
de poser que d'en vser, moyennant qui
leur soit permis sous les conditions des
seuretez requises pour le temps à venir,
de iouyr librement de l'exercice entier
de leur Religion.

Que si peut-estre on nous accuse deuant sadite Maiesté de regarder à autre
fin en ceste sainte & louable entreprise,
grandement necessaire pour le bien de
la Chrestienté, qu'a la defense & conseruation de l'authorité de sadite Maie-
iesté. Nous la prions affectueusement
de leuer ce soupçon & de n'en rien croi-

ſe, Car nous aſſeurons ſadite Maieſté en
ſaine conſcience & auec verité, que noſtre intention n'eſt point d'opprimer,
fourrager, gaſter, ſaccager ou piller ſon
Royaume ou ſes ſubiets, mais pluſtoſt
de nous efforcer de les defendre & conſeruer ſous ſon obeyſſance : & de centi-
nuer de noſtre part de plus en plus en
toutes choſes, non contraires à la gloire
de Dieu, à la defenſe & conſeruation de
tous ſes membres & de tous les aſſociez
de la Religion, dont ie fais profeſſion.
La bonne amitié qui a touſiours eſté
nourrie entre les Roys de France ſes
predeceſſeurs, & ſadite Maieſté & les
Princes de l'Empire. Ce que nous mon-
ſtrerons touſiours par effect & experience à la premiére occaſion qui ſe preſen-
tera, afin que ſadite Maieſté puiſſe co-
gnoiſtre de quelle entiere affection nous
deſirons nous employer en toutes choſes qui touchent ſa perſonne, ſon Eſtat
& ſes ſubiets, exceptant touſiours le Religion & le ſainct Empire d'Allemagne.

Et pour en faire vne preuue aſſeurec,
& en donner des arres infaillibles, Nous
promettons dés maintenant, en foy &

parole Prince, non seulement de nous
retirer, mais aussi de quitter tous nos
interests, aussi tost que sans dol ou frau-
de, on permettra à tous les subiets de sadite Maiesté de la Religion, de quelque
dignité ou qualité qu'ils soient, l'exercice libre & entier de leurdite Religion,
sans aucune distinction de lieux ou de
personnes, auec l'entiere iouyssance de
leurs biens, honneurs, estats dignitez &
offices, sous les conditions & seuretez
requises, pour l'accomplissement & en-
tretenement de ces choses à l'aduenénir.

Et pour conclurre, Nous voulons bien
bien que sadite Maiesté soit aduertie
que nous protestons deuant Dieu, que
si nostre aduertissement procedant d'vn
bon cœur & d'vne saincte affection n'est
bien receu, & si les autheurs de ses troubles continuant leurs fureurs, accrois-
sent à nostre veuë le malheur par toute
la France, auec beaucoup plus de ruine
& d'effusion de sang qu'auparauant,
Nous n'estimons pas qu'on nous doiue
ou puisse imputer la faute de ces cala-
mitez extremes : moins encores que cy-
apres on nous surcharge de ce qui ad-

uiendra par la temerité & rage desbor-
dee de ceux qui empeſchent la paix &
qui troublent l'Eſtat, nous aſſeurant que
au reſte que la ſeule neceſſité & la iuſtice
de la cauſe, verifiera touſiours deuant
toute la Chreſtienté, l'equité de noſtre
entrepriſe.

Voila en bref ce que nous auons eſtimé
(l'occaſion le requerant & la neceſſité)
que nous deuions mettre en auant pour
ſatisfaire à ce qu'on à requis de nous de
la part de ſadite Maieſté, & pour l'aſſeu-
rer qu'il n'y a nul deuoir digne d'vn ſeigneur & bon amy, & qui luy puiſſe eſtre
agreable pour conſeruer ſon amitié &
bonne grace, que nous ne ſoyons touſiours preſts de faire de bon cœur.

FIN.